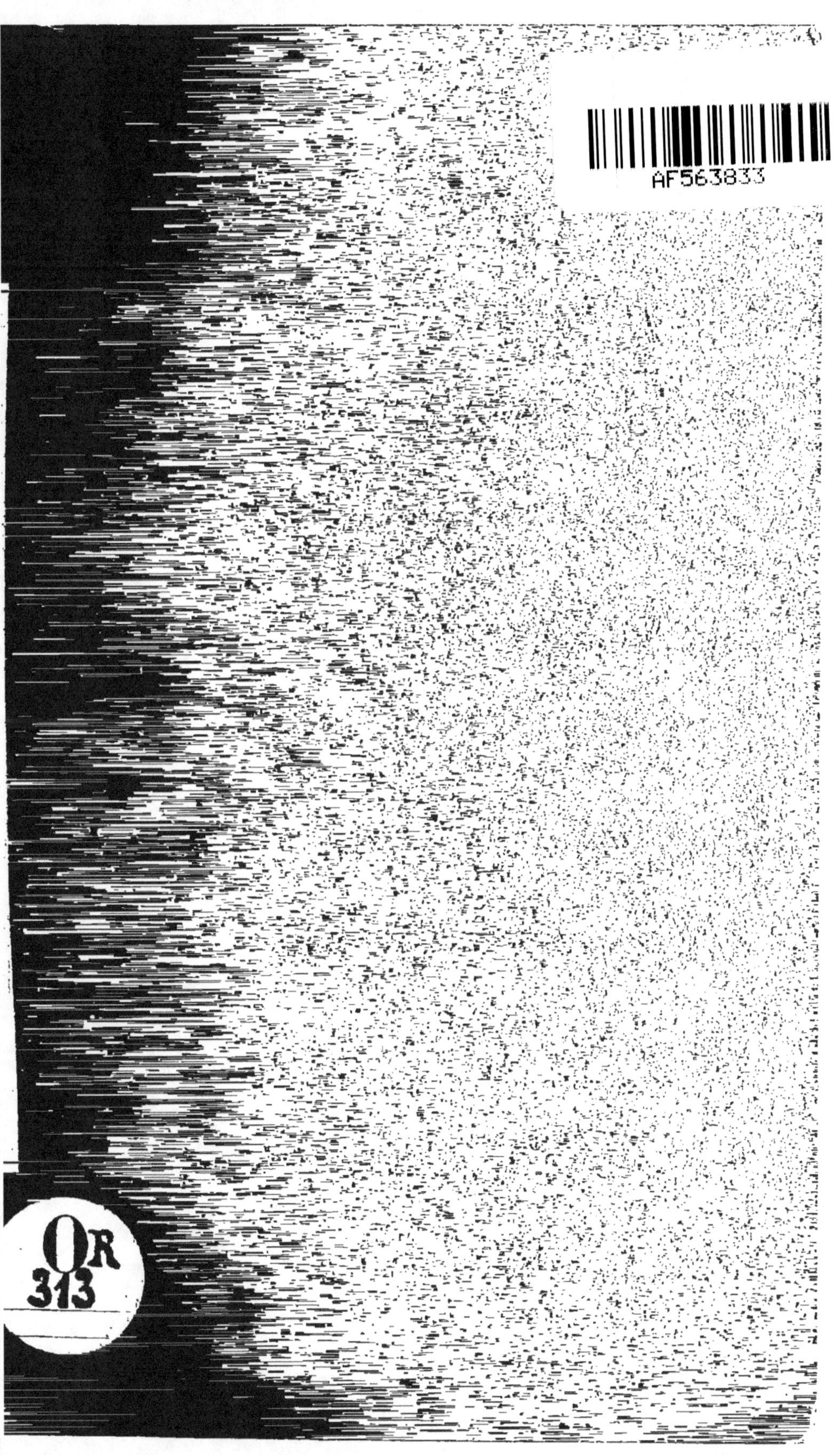

MOI,

JE NE SUIS PAS UN REBELLE,

OU

LA QUESTION DU PORTUGAL

DANS TOUTE SA SIMPLICITÉ.

IMPRIMERIE ANTHELME BOUCHER,
RUE DES BONS-ENFANS, N°. 34.

MOI,

JE NE SUIS PAS UN REBELLE,

OU

LA QUESTION DU PORTUGAL

DANS TOUTE SA SIMPLICITÉ,

OFFERTE AUX POLITIQUES IMPARTIAUX ET AUX GENS DE BONNE FOI;

Par Antonio Ribeiro Saraiva,

ÉMIGRÉ PORTUGAIS,

Et mise par lui-même en portugais, français et espagnol, afin de pouvoir être jugée par un plus grand nombre de personnes.

« Si le Roi que nous avons proclamé avait un droit légitime pour l'être, c'était la *dette* des sujets que de le suivre et de lui obéir. »

(*Manifeste authentique de la nation portugaise à l'Europe, en 1641, à l'occasion de se soustraire à l'intruse domination de l'Espagne.*)

PARIS.

DELAFOREST, LIBRAIRE, PLACE DE LA BOURSE,

RUE DES FILLES-SAINT-THOMAS, N°. 7.

1828.

On trouvera aussi cette brochure chez

GARNIER,

LIBRAIRE,

Rue de Valois, N°. 1, vis-à-vis la Cour des Fontaines, Palais-Royal.

UN PETIT MOT DE PRÉFACE.

Qui défend la justice par amour d'elle-même, et quand cette justice est de toute évidence, fait peu de frais pour disposer le lecteur en sa faveur. Aussi, tout ce que je demande est qu'on veuille bien peser impartialement mes raisons. Nous, les royalistes portugais, avons été gênés, rebutés, exilés par les gouvernemens légitimes. Moi-même, personnellement, j'ai été sommé de quitter Paris pour une résidence forcée à soixante lieues de la capitale de France, et cela dans un moment où j'étais au lit dangereusement malade, et j'ai obéi. Eh bien! malgré cela, comme je tiens à des principes et non à des intérêts particuliers, je n'en serai pas moins toujours l'ami de la légitimité et des gouvernemens légitimes. Les journaux français et étrangers ont annoncé mon exil, ainsi que celui d'autres émigrés portugais; quelqu'un a daigné s'occuper plus particulièrement de moi, et a publié les circonstances qui aggravaient ma position. Bien des personnes me croiront un homme dangereux ou un criminel; mais le motif avoué de mon exil n'était autre que de m'empêcher (à la réquisition de l'ambassadeur d'Angleterre et du chargé d'affaires *du Portugal intrus*) de parler au prince D. Miguel, quand il passerait par cette ville; et cependant je n'avais rien de plus à dire à mon Prince que ce que je dis ici à tout le monde; j'ai même demandé à qui avait la puissance de le permettre, qu'on me laissât parler à D. Miguel, en présence de l'ambassadeur d'Angleterre lui-même, si cela convenait à celui-ci; et comme je n'avais à dire que la vérité, j'étais prêt à parler avec plaisir devant qui que ce fût. Maintenant (18 février 1828) que le Prince D. Miguel ne peut plus m'entendre, avant que d'arriver en Portugal, et d'y agir comme il lui plaira, qu'il me soit permis de dire tout haut la vérité; si maintenant elle ne peut plus servir à réclamer ici respectueusement devant mon Prince les droits de ma patrie, et à lui exposer combien, malgré l'oppression, cette patrie reconnaît, respecte et chérit ceux du successeur légitime de Jean VI, de qui elle implore un secours que lui seul peut apporter aux malheurs de la nation qui le vit naître et qui l'adore, j'espère, du moins, que cette voix de la vérité trouvera des oreilles pour l'entendre et des cœurs pour l'aimer.

MOI,

JE NE SUIS PAS UN REBELLE,

OU

LA QUESTION DU PORTUGAL

DANS TOUTE SA SIMPLICITÉ.

QUELQUE CHOSE ENCORE

AVANT LA QUESTION.

Toute l'Europe sait ce que nous avons fait, nous royalistes portugais, qu'on appellerait plus exactement *patriotes portugais*, comme j'espère qu'on s'en convaincra. Nous avons refusé d'obéir à un souverain que nous ne reconnaissons pas comme le nôtre, parce qu'il est exclu du trône portugais par nos lois, ainsi que par ses propres stipulations. Nous nous sommes crus, et nous nous croyons encore les défenseurs de la légitimité, en même temps que des privilèges et droits du peuple portugais. Tous les gouvernemens de l'Europe nous ont traités de rebelles. Sans que nous discutions maintenant les motifs de la justice ou de l'injustice qu'on nous a faite, tâchons, en bonne foi, de voir qui est-ce qui a tort ou de nous ou de la politique?

Mais nous présenterons à la réflexion nos lecteurs une douzaine de simples questions, avant d'entrer dans l'examen de la principale.

1re.

J'espère qu'on n'appellera pas *rebelle* celui qui défend le *gouvernement légitime* de sa patrie?

2e.

Le *gouvernement légitime* n'est-il pas celui qui a les qualités requises par *les lois*?

3e.

Les lois qui règlent et déterminent ces qualités ne sont-elles pas les lois fondamentales des nations où il en existe?

4e.

Le Portugal n'a-t-il pas des *lois fondamentales*, qui règlent et déterminent la nature de son gouvernement, ainsi que l'ordre de succession à la couronne de ce royaume?

5e.

Les lois fondamentales, qui règlent et déterminent l'ordre de succession à la couronne portugaise, ne consistent-elles pas dans les dispositions des *cortès de Lamego* et dans les dispositions des *cortès* postérieures qui s'y rapportent, principalement de celles de 1641?

6e.

Peut-on donc être *roi légitime* de Portugal contre les dispositions des susdites *cortès*, sans qu'il ait été fait légalement un changement dans ces mêmes dispositions?

7e.

N'y a-t-il pas une manière unique et légale, établie pour faire des changemens dans les dispositions des lois fondamentales du royaume?

8e.

Ces lois ont-elles été légalement changées après la mort de Jean VI?

9e.

D'après les dispositions des lois fondamentales du Portugal, l'empereur du Brésil n'est-il pas exclu de la succession au trône portugais, et par conséquent la couronne dévolue à l'infant D. Miguel?

10e.

L'Europe n'a-t-elle pas reconnu *légitime* l'ordre de succession à la couronne portugaise, établie en Portugal par les *cortès* susmentionnées?

11e.

L'Europe n'a-t-elle donc pas tort de nous appeler des rebelles, moi et mes braves compatriotes, qui avons défendu les droits, l'indépendance et la liberté de notre patrie et de notre Prince?

12e.

Les gouvernemens de l'Europe sont-ils dispensés d'être conséquens avec eux-mêmes?

Voilà bien des questions auxquelles les partisans de D. Pèdre auraient bien de la peine à répondre quelque chose qui leur fût favorable! Aussi je les défie d'entrer en discussion et de montrer encore une fois (*) la futilité de leurs raisons.

Moi, j'aurais bien des choses à répondre à chacune de ces questions; mais, outre que les réponses se présentent d'elles-mêmes à presque toutes mes douze questions, comme je ne veux pas embrouiller une chose claire et simple de sa nature, je m'amuserai seulement de quelques propositions qui ne feront pas grand plaisir aux amateurs de *constitutions* ou *chartes* importées de l'étranger; et c'est cependant pour les obliger (*à entendre raison*) que je passe mon temps avec ces Messieurs.

(*) Dans la *Gazette officielle* de Lisbonne, peu de temps après l'arrivée de la *charte* brésilienne, on publia une réfutation des raisons que les défenseurs de la vraie constitution de la nation portugaise alléguaient contre les prétendus droits de D. Pèdre. La plus forte raison donnée, dans cette apologie officielle de la *Gazette*, était : — Que D. Pèdre ne pouvait pas avoir perdu les droits à la couronne du Portugal, parce qu'il était empereur du Brésil, de même qu'Alphonse V ne les avait pas perdus, parce qu'il a été faire la guerre en Afrique et prit le titre d'*Africain*, pour mémoire de ses victoires y remportées. — Tout le monde sentant bien la bêtise d'une telle comparaison, on nous dispensera de répondre à cet argument. Qui profita de telles défenses, n'avait pas le bouclier d'Achille pour couvrir les droits de D. Pèdre.

J'ENTRE DANS LA QUESTION.

Quand je dis : *Nous, les Portugais royalistes, ne sommes pas des rebelles*, il faut que je le prouve. Eh bien ! la preuve de mon assertion est implicitement tout entière dans mon épigraphe : « *Si le roi que nous avons proclamé avait un droit* légitime *pour l'être, c'était la* dette *des sujets que de le suivre et de lui obéir.*

Développons un peu cela.

PROPOSITIONS.

I. *Nous avons des lois fondamentales établies par la nation et par le Roi* (*), *confirmées encore et sanctionnées par des lois et décrets de nos souverains.*

II. *Ces lois ne pouvaient être changées que de la même*

(*) Le mot *roi* ici signifie tous les rois de Portugal, ou plutôt leur royauté successive, qui ne meurt pas, mais qui est toujours la même; qui s'engagea au pacte fondamental et reçut les engagemens du peuple; qui est toujours là pour remplir ses devoirs stipulés dans le même pacte, et exiger du peuple efficacement l'accomplissement des siens, pour, de concert avec l'autre partie contractante (le peuple), en cas de besoin ou d'utilité, faire légalement, et par un consentement réciproque, quelques corrections, déclarations ou changemens dans le contrat. Cette royauté peut même, en certaines circonstances, ne pas être représentée par le roi, comme après la mort de Jean VI, qu'elle fut représentée par la régence. Au contraire, nous entendons ici par *nos souverains*, ceux de nos monarques individuellement, qui, par des lois et des décrets, ont ajouté encore leur sanction aux dispositions consignées dans le pacte.

manière et par les mêmes formes qu'on avait tenues pour les établir.

III. *D'après ces lois,* a) *l'empereur du Brésil était exclu de la succession au trône portugais ; ou, si mieux on le veut,* b) *son cas était non prévu dans les lois fondamentales. — Qu'on admette l'une ou l'autre hypothèse,* ab) *l'empereur du Brésil ne pouvait être* roi légitime *du Portugal, sans une déclaration faite légalement à son égard, dans le second cas. Il ne pouvait pas changer à son plaisir la constitution de l'État.*

IV. *Nos lois fondamentales ont été reconnues par l'Europe comme fondemens du droit public portugais ; l'Europe ne pouvait donc, sans une inconséquence notable, reconnaître, contre les mêmes lois, roi de Portugal l'empereur du Brésil.*

Démonstrations des propositions précédentes.

I.

Des actes consacrés par l'histoire civile et politique, ainsi que par la législation d'un pays, n'étant pas des témoins morts, il ne faut que leur inspection pour se convaincre de la vérité de ma première proposition. Les actes des *cortès de Lamego* en 1143, ainsi que ceux des cortès de Lisbonne en 1641, sont dans toutes les histoires du Portugal ; les lois de nos rois qui s'y rapportent sont dans les corps de la législation portugaise (il suffit de voir, décret du 9 septembre 1642 ; charte-patente du 12 des mêmes mois et an ; loi du 4 juin 1824).

II.

Les lois fondamentales ayant été établies par la nation et par le roi, comme fondemens ou modifications du contrat social, d'après les bons principes de la justice universelle, il serait absurde de dire qu'elles pouvaient être changées au gré d'une des deux parties contractantes seulement; puisque ce serait admettre *qu'une des parties n'aurait que des droits, pendant que l'autre n'aurait que des devoirs,* ce qui rendrait le contrat injuste, nul et illusoire.

Mais nos rois ni la nation portugaise n'ont jamais entendu la chose si absurdement. Aux États de Lamego en 1143 (*Vulgo* cortès de Lamego), Laurent Viegas, en qualité de procureur d'Alphonse Ier., interroge le peuple, au nom du même Alphonse, de la manière suivante :

« Le roi Alphonse, que vous avez élu et proclamé.... vous a assemblés ici, pour savoir si vous voulez qu'Alphonse soit votre roi. » Les peuples répondirent unanimement : « Qu'Alphonse soit notre roi. — Si vous voulez, leur dit Viegas, qu'il soit votre roi, comment sera-t-il votre roi? etc. »

Congregavit vos Rex Alphonsus, quem vos fecistis.... ut.... dicatis si vultis quod sit ille Rex. Dixerunt omnes : Nos volumus sit Rex. Et dixit procurator : Quomodo erit ille Rex?.... etc.

Encore des actes des mêmes cortès :

Alphonse dit à haute voix : .... « Vous m'avez fait roi, et je dois partager avec vous les soins

Et dominus Rex.... dixit : Et vos me fecistis Regem, et sacrum vestrum. Si quidem me

de l'État. Je suis donc roi, et puisque je suis tel, *faisons* des lois qui établissent la tranquillité dans notre royaume. »

« Nous le voulons bien, reprirent les peuples; *faisons* telles lois qu'il vous plaira... »

Le seigneur roi appela aussitôt le clergé (*), la noblesse et les procureurs du peuple (**); *ils convinrent* que d'abord il fallait faire des lois pour la succession du trône, et *ils firent* celles qui suivent :

fecistis, constituamus *leges per quas terra nostra sit in pace*.

Volumus, domine Rex, et placet nobis constituere *leges quas vobis bene visum fuerit*...

Vocavit citius dominus rex episcopos, viros nobiles, et procuratores, et dixerunt *inter se* : Faciamus *in principio leges de hæreditate regni ; et* fecerunt *istas sequentes* :

Le décret des États de Lisbonne de 1641, commence ainsi :

« En faisant ce décret, nous avons observé l'ordre et » la forme qu'on observa dans ce même royaume à l'é- » gard d'Alphonse Henriquez, lorsqu'il fut proclamé roi » de Portugal.... Malgré la bulle d'Innocent II, qui lui » confirmait le titre de roi, l'an 1142, les états assemblés » dans la ville de Lamego, vers la fin de l'an 1143, cru-

(*) Quoique le texte latin ne parle ici que des évêques (*episcopos*), on doit entendre cette expression pour les représentans de tout le clergé; puisqu'au commencement de l'acte des *cortès*, dans l'énumération des assistans, sont désignés, non seulement les évêques, mais le reste du clergé : — *Et multitudo ibi erat... de clericis.*

(**) *Procuratores* dans le latin (en portugais, on les appelle encore aujourd'hui *procuradores das cidades e villas*, procureurs des villes et bourgs). Ils sont aussi désignés au commencement de l'acte, premièrement, en général : — *Viros... procurantes bonam partem per suas civitates*; et spécifiés après : — *Per Coïmbram, per Vimaranes, per Lamecum*..., etc.

» rent devoir non seulement le confirmer roi de nouveau, » mais dresser un acte de cette proclamation, afin qu'il » servît de monument à la postérité, comme ils avaient » reconnu pour leur roi *légitime* Alphonse Henriquez, et » pour faire connaître en même temps qu'en eux seuls ré- » sidait la puissance de donner et d'ôter la couronne à » quelqu'un *et de juger à qui elle appartenait de droit.* »

Les décrets de ces États ont été sanctionnés par la loi de Jean IV, du 12 septembre 1642.

Le manifeste authentique de la nation portugaise à l'Europe, publié en 1141, en portugais et en latin, afin de pouvoir être plus facilement connu de toutes les nations, s'exprime de la manière suivante à l'égard du droit de modifier la constitution de l'Etat :

« Les peuples et les rois (*du Portugal*) *avaient seuls* » autorité pour varier l'ancien mode de succession » (*à* » *la couronne.*) Fol. 5.

« Nous allons examiner maintenant... un autre droit » irréfragable de régner, celui qui s'acquiert par l'ac- » clamation unanime et volontaire du royaume. En ef- » fet, il est certain que quand, après la mort du roi, » il y a dissidence (*dissidio*) entre ses parens, au sujet » de celui d'entre eux qui doit être admis à la couronne, » *c'est au peuple qu'il appartient de décider,* comme » à celui qui primitivement a déféré la couronne aux » rois, et qui peut la donner après, en résolvant les » doutes qui viennent à s'élever à ce sujet; et ainsi le » peuple du Portugal pouvait seul prononcer dans la » cause que le roi D. Henri laissa indécise par sa mort; » et... ce droit de déclarer roi resta toujours au peu- » ple... » Fol. 11.

« Et (*le peuple*) en déclarant par cet acte *son droit* » *manifeste*, il n'y a aucun doute qu'il (*Jean IV*) eut » le royaume par le titre le plus *légitime* qu'on pût ima- » giner, puisque, outre le droit qu'il avait, il obtint » encore la déclaration du peuple. » Fol. 11 et 11 *verso*.

Dans le discours présenté à la cour de Rome, par l'évêque de Lamego, envoyé comme ambassadeur de Jean IV, après la restauration en 1640 (discours à la doctrine duquel le roi a donné un caractère d'autorité, en le faisant, par ordonnance du 21 mars 1642, imprimer authentiquement par l'imprimeur de sa maison, avec défense d'être imprimé par tout autre), on lit, page 6 :

« La possession du royaume lui a été *consignée* » (*à Jean IV*) par le consentement et *jugement des* » *trois États du royaume*, certains qu'à lui seul appar- » tenait le même royaume. »

Pourrait-on donc encore douter qu'il y ait en Portugal un tribunal compétent pour juger les questions sur la succession à la couronne, et pour faire quelque changement dans la constitution de l'État ?

III *a*).

Je ne veux pas maintenant copier ici une foule d'articles qui prouvent que le roi d'un État étranger et indépendant du Portugal ne peut pas prétendre au trône de ce royaume (*); je citerai seulement l'article ci-dessous

(*) Cette question a été victorieusement discutée par une autre plume, qu'à son érudition profonde, à sa logique nerveuse et à son style correct et énergique, on voit bien ne pas être, comme la plume qui écrit cette brochure, celle d'un jeune homme parlant

du décret des États de Lisbonne, en 1641, parce qu'il est le plus décisivement applicable aux fils de Jean VI, et aussi parce que ces États étant d'une époque assez récente pour ce que leurs résultats se rattachent déjà au système politique de l'Europe moderne, et l'Europe même ayant admis leurs décisions comme légitimes, ces décisions doivent aussi maintenant avoir une plus grande force.

Partie du chapitre premier présenté, par l'état de la noblesse, aux Cortès de 1641, et sanctionné comme faisant loi fondamentale.

« Que la succession du royaume ne puisse échoir ja-
» mais (ou appartenir) à un prince étranger ni à ses en-
» fans, *quoiqu'ils soient les plus proches parens du roi*
» *dernier possesseur*, et que, dans le cas où le roi de ce
» royaume serait appelé à la succession d'une autre cou-
» ronne ou d'un plus grand empire, il soit forcé à vivre
» toujours dans celui-ci; et s'il a deux ou plusieurs en-
» fans mâles, *le fils aîné ira régner dans le royaume*
» *étranger, et le second dans celui de Portugal;* et *ce*
» *dernier sera seul reconnu héritier et* légitime *succes-*
» *seur*... »

On voit, 1°.) *que le roi, s'il vient à avoir une couronne étrangère et indépendante de celle du Portugal,*

depuis peu la langue française, et qui publie, hâté par des circonstances, l'ouvrage de trois jours (de carnaval); je parle du livre : *Examen de la Constitution de D. Pèdre et des droits de D. Miguel, dédié aux fidèles Portugais.* — Paris, Delaforest, 1827. La légitimité portugaise doit encore à l'auteur dudit ouvrage une brochure non moins importante : *L'Angleterre et D. Miguel.* — Paris, mêmes libraire et année.

peut la garder pendant sa vie, sous la condition qu'il résidera en Portugal; 2o.) qu'après sa mort un seul de ses enfans, s'il en a plusieurs, ne peut pas avoir les deux couronnes.

Voyons si la première partie de l'article convient à Jean VI, et la deuxième à ses enfans.

Personne ne saurait nier que ladite détermination de la loi serait applicable à Jean VI, s'il eût acquis la couronne du Brésil (étrangère et indépendante) par le droit de succession héréditaire, comme il acquit le Brésil même; qu'alors il pourrait la posséder de son vivant, et qu'après sa mort D. Pèdre aurait le Brésil, et D. Miguel le Portugal. Mais qui nous dira que la même disposition doit être observée quand une seconde couronne viendrait au roi d'une autre manière que par le droit héréditaire? Qui? . . . La loi même.

Au commencement de l'article sanctionné de l'état de la noblesse aux Cortès de 1641, dont la disposition citée fait partie, est expressément expliqué le motif de la loi; le voici :

« La raison d'un bon gouvernement enseigne, et
» l'expérience a démontré, que la réunion de plusieurs
» royaumes . . . dans la personne d'un seul roi, empêche
» qu'ils soient bien gouvernés, comme ils le seraient
» séparément, chacun sous son propre prince; et que
» celui-ci doit être naturel du pays, y être né et élevé,
» pour pouvoir connaître ses sujets, et les aimer comme
» compatriotes. »

C'est-à-dire qu'on ne veut pas en général la réunion de deux couronnes sur la personne du roi de Portugal.

C'est donc encore une concession particulière faite au roi acquérant, que de lui permettre de garder les deux couronnes pendant sa vie, sous la condition seulement de rester en Portugal. Mais pour ses enfans, la détermination de la loi est absolue; il faut qu'ils partagent les deux couronnes suivant la loi.

Cette raison de la loi n'est-elle pas la même, quand le Roi aurait la seconde couronne d'une autre manière que par la succession héréditaire? Si le Roi eût acquis un autre état, par l'abdication d'un autre souverain, par exemple, les deux couronnes seraient-elles moins réunies sur sa personne, et n'y aurait-il pas les mêmes inconvéniens que la loi veut prévenir? Et si c'était le Roi lui-même qui créât cette couronne étrangère, la raison, pour la séparation après sa mort, ne resterait-elle pas toujours la même? Par conséquent, quand la loi dit: « Dans le cas où le roi serait appelé à la *succession* d'une autre couronne, » on doit regarder cela comme un exemple, et non pas comme une restriction de la disposition de la loi au seul cas de succession héréditaire.

Jean VI, en faisant du Brésil un état séparé, étranger et indépendant du Portugal, par le traité du 29 août 1825, et en reconnaissant D. Pèdre comme souverain de cet empire, fit deux choses, deux actes qui pouvaient être indépendans l'un de l'autre, et entre lesquels il y eut nécessairement un intervalle, pendant lequel Jean VI eut les couronnes du Portugal et du Brésil, ne fût-ce que pour un moment; et dans ce moment même *lui fut applicable la première partie de l'article cité de la loi fondamentale.* (Voir *Scolie* I, à la fin de la Question, pag. 24.)

Qu'on ne regarde pas cela comme une distinction vaine

ou une subtilité futile; outre ce que de telles distinctions de temps sont souvent en jurisprudence de nécessité absolue, il ne faut que lire l'article premier dudit traité, pour se convaincre qu'elle y est réelle et bien marquée, l'existence de deux actes distincts et non simultanés. Le voici :

« S. M. T. F. reconnaît que le Brésil tient le rang » d'empire indépendant et séparé du royaume de Portu- » gal et Algarves. (*Premier acte.*) — Elle reconnaît son » bien-aimé fils D. Pèdre comme empereur, *cédant et* » *transférant*, de pleine volonté, *la souveraineté du-* » *dit empire* à son fils et ses successeurs légitimes. » (*Second acte.*)

On voit clairement que les deux époques sont bien distinctes et séparées dans cet article; mais quand on ne le verrait pas tout de suite par la construction de l'article même, la raison ne le montrerait pas moins. En effet, comment Jean VI pourrait-il *transférer la souveraineté d'un empire*, sans l'avoir à lui préalablement? Comment pourrait-il s'en réserver une partie sans avoir possédé le tout, puisque le titre n'est qu'un accident, un accessoire, un nom à l'égard de la souveraineté impériale?

Jean VI a donc été empereur du Brésil, avant que son fils D. Pèdre le fût; et cela lui était permis, puisqu'il se trouvait dans ce temps-là à Lisbonne, et satisfaisait ainsi à la condition de la loi fondamentale d'être en Portugal, pour pouvoir posséder. Et qui dira que Jean VI n'aurait pas pu rester là, c'est-à-dire, reconnaître l'indépendance du Brésil, et garder le droit qu'il avait à la souveraineté de cet État; et qu'alors par sa mort, la seconde partie [2°.)] de l'article cité de la loi fondamentale serait applicable à ses enfans ? Mais, s'il a voulu céder de son vivant à D. Pèdre le droit que la loi fondamentale même devait donner à celui-ci après la mort de son père, ce fait de Jean VI peut-il changer la disposition d'une partie de la constitution nationale ?

D'après les lois, par conséquence, *l'empereur du Brésil* [a)] *était exclu de la succession au trône portugais.*

III *b*).

Mais veut-on plutôt admettre que la disposition de l'article cité est relative à la succession héréditaire seulement ? Alors le cas de D. Pèdre et de son frère serait non prévu par la loi fondamentale, et il faudrait qu'on y pourvût légalement ; mais nous avons démontré [II] que les états de la nation seulement avaient le droit de statuer sur de tels cas, et ces états ne l'ont pas fait, puisqu'ils n'ont pas été réunis après la mort de Jean VI ; par conséquent [*ab*)] *l'empereur du Brésil n'est pas le roi* légitime *du Portugal ; il ne pouvait pas changer à son plaisir la constitution de l'État.*

IV.

L'existence du Portugal, comme nation indépendante, est une preuve constante, que *l'Europe reconnut le droit qui le constitua tel ;* et ce droit est dans les lois fondamentales qui font la constitution de ce royaume.

L'Europe ne reconnut pas (en 1641) cette *légitimité portugaise* sans entière connaissance de cause, puisque, outre que les envoyés de Portugal firent connaître les droits de la nation et ceux du roi dans toutes les cours de l'Europe, les exposèrent partout (y compris la diète de

Ratisbonne, où on demanda la liberté du prince D. Duarte, frère du roi, retenu en prison par l'empereur d'Allemagne), la nation portugaise proclama ces mêmes droits par un manifeste à l'Europe, qu'elle fit encore traduire en latin, pour le mettre à portée de tout le monde.

Ce manifeste fit qu'on reçut presque partout les ambassadeurs portugais; que le roi d'Angleterre et le parlement reconnurent tout de suite l'indépendance du Portugal (*on voit bien que la politique anglaise dans ce temps-là visait plus à la justice qu'aujourd'hui celle de M. Canning*); que Louis XIII de France écrivit à Jean IV de Portugal, en lui disant: « Nous sommes très con-
» tens d'avoir appris la nouvelle du *consentement uni-*
» *versel* et applaudissement général avec lesquels Votre
» Majesté *a été reçue successeur légitime* des anciens rois
» de Portugal... etc.; » et qu'on vit arriver bientôt à Lisbonne les ambassadeurs de presque toutes les cours de l'Europe.

La voix de la justice est sûre de se faire respecter quand elle est dignement proclamée, et entendue par des cœurs droits. On va voir, par des citations du manifeste de la nation portugaise, comme elle entendait bien ce qu'on doit au droit et à la dignité des nations, qui oblige chacune d'elles à agir de manière à toujours pouvoir justifier clairement sa conduite devant toutes les autres. Voici le titre dudit manifeste :

« *Manifeste du royaume de Portugal, dans lequel*
» *sont déclarés le droit, les causes et la manière dont*
» *il agit pour se soustraire à l'obéissance du roi de Cas-*
» *tille, et obéir à la voix du sérénissime D. Jean IV du*
» *nom, et XVIII*e. *entre les vrais rois de ce royaume.*

» (Lisbonne, Paul Craesbeck, 1641. *Avec toutes les per-
» missions nécessaires.*) »

Le manifeste même :

« Il semble qu'à bon droit le monde demandera raison
» de ce qu'on a fait à Lisbonne, le 1er. décembre 1640,
» en refusant l'obéissance à Philippe IV.... Il sera con-
» venable de satisfaire à ce commun désir, en mani-
» festant les raisons qu'on a eues pour cela : puisque les
» royaumes étant les membres principaux de la répu-
» blique universelle du monde qu'ils forment comme
» des parties composantes, il est juste et encore d'obli-
» gation qu'elle soit instruite de ce qui se passe à cha-
» cune de ses parties... Le Portugal acclama subitement
» un roi, ayant obéi, avant ce moment, à un autre. On
» peut demander : —Quel droit eut-il pour le faire?...
» *Si le roi qu'on acclama avait un droit légitime pour
» l'être, c'était le devoir* (*dette*, dit l'original) *des sujets
» que de le suivre et de lui obéir*... etc. »

J'espère qu'on n'appellera pas cela le langage de la mauvaise foi.

Si l'Europe veut donc être conséquente et juste, n'a-t-elle pas tort en nous appelant des rebelles, mes braves compatriotes et moi? Nous défendons le gouvernement *légitime* de notre patrie, parce que :

Légitime, suivant le dictionnaire de l'Académie, est « ce qui a les conditions requises par la loi. » Un gouvernement ne peut donc être *légitime* si les lois s'y opposent; et ces lois sont les lois fondamentales. Nous défendons nos lois fondamentales, notre constitution, notre gouvernement *légitime*.

Rebelle, suivant le même dictionnaire, est « celui qui

désobéit à *son souverain*; » *son souverain* n'est pas un souverain étranger, mais celui qui l'est, et doit l'être, d'après la constitution de la nation de l'individu rebelle; celui qui défend la constitution de sa nation, défend le souverain et le gouvernement *légitime* constitué et établi par elle; *il ne désobéit pas à son souverain, il n'est pas un rebelle* (Voir *Scolie* II, ci-après, pag. 27).

Et par conséquent aussi :

MOI, JE NE SUIS PAS UN REBELLE;

(*Sicut erat in principio, et nunc, et semper.*)

QUELQUE CHOSE ENCORE
APRÈS LA QUESTION.

SCOLIE I.

Ce n'est point ici une supposition (que Jean VI fût l'empereur du Brésil avant D. Pèdre), mais une réalité, sur laquelle il est essentiel de se bien fixer, puisque quelques personnes d'abord, faute d'y réfléchir, croyaient que c'était la première partie [1°.)] de la disposition qui était applicable à D. Pèdre, et que la seconde [2°.)] serait applicable, après sa mort, à ses enfans. Le ministre d'une grande puissance européenne, accrédité auprès d'une autre puissance de premier ordre, partageait cette opinion; il me disait « que dans le moment indivisible » où Jean VI avait rendu le dernier soupir, le droit à la » succession du trône portugais était tombé sur la personne de D. Pèdre (*); qu'ainsi D. Pèdre pouvait avoir » les deux couronnes, et de ce même droit avait pu ab- » diquer celle du Portugal en faveur de sa fille, pour » satisfaire à la loi fondamentale de ce royaume, qui » défendait la réunion des deux couronnes. »

Pour peu qu'on réfléchisse sur ce discours, on verra qu'il est *contra producentem* (comme j'ai eu l'honneur de le prouver à Son Excellence), qu'il confirme tout-à-fait mon opinion, puisqu'il ne fait que considérer faussement D. Pèdre dans les circonstances même où Jean VI a été dès le moment où il déclara indépendante la couronne du Brésil jusqu'à ce qu'il la céda à son fils. Jean VI eut deux couronnes, et il pouvait les avoir par la loi fondamentale; D. Pèdre eut deux couronnes, *et il pouvait les avoir par la supposition du ministre.* Mais, cette supposition admise, quelle raison peut-il y avoir pour que la disposition [1o.)] fût plutôt applicable au fils qu'au père? Est-ce peut-être parce qu'il manquait au fils la condition essentielle de la loi fondamentale — d'être en Portugal pour pouvoir posséder —? ou est-ce parce que Jean VI abdiqua l'une des couronnes, en rendant son fils, par cette même abdication acceptée, légalement inhabile à succéder dans l'autre?

Encore, si la supposition du ministre était vraie, je ne vois pas pourquoi il fallait à D. Pèdre abdiquer la

(*) C'est-à-dire que la loi fondamentale n'avait pas pu attraper ce droit, avant qu'il s'accrochât à la personne de D. Pèdre, en s'écriant : *te teneo!* (je te tiens!) *Notre bon droit* planait déjà sur l'Océan en prenant la route d'Amérique, quand la loi fondamentale s'aperçut qu'il s'était échappé sans permission du palais *da Bemposta*, s'étant détaché de l'auguste personne de Jean VI mourant, en sorte qu'il n'a plus été possible à ladite loi de l'atteindre!...

couronne du Portugal pour satisfaire à la loi fondamentale [1°.)] de ce royaume, puisque ce n'était pas d'une couronne étrangère, mais de celle du Portugal même qu'il héritait dans ce cas; et ce n'est pas là le cas de l'article [1°.)]. Mais, s'il héritait de la couronne portugaise, ce n'était pas comme souverain étranger qu'il héritait, puisque la loi, plus haut, s'y oppose — *que la couronne de ce royaume ne puisse pas échoir à un prince étranger.* — Il faudrait donc admettre que l'empereur du Brésil n'était pas, à la mort de son père, souverain étranger, ou n'était pas souverain d'un État étranger; ce serait dire (ce qui me fâcherait beaucoup) que le Brésil avait été si bête, qu'il n'avait pas répondu à l'appel de la voix *toute-puissante* de M. Canning, lorsque celui-ci, ayant accueilli dans ses entrailles l'embryon informe du libéralisme trans atlantique, appelait à l'existence et enfantait l'Amérique (*parturiunt montes!*) au milieu du parlement britannique, à la grande admiration de tous les sots des deux mondes!... Ce qui me fâcherait encore bien plus, ce serait que sir Charles Stuart aurait, dans ce cas, perdu toutes ses peines et fatigues pour *faire faire et faire* lui-même le traité d'indépendance du 29 août 1825, puisqu'alors ce traité n'aurait servi à rien qu'à avoir beaucoup fâché, gêné, incommodé S. M. T. F. Jean VI (*).

Ce serait même une conséquence assez légitime de ladite supposition, que le Brésil ne serait pas encore aujour-

(*) Nous savons qui possède une lettre de Jean VI, écrite par lui quand il venait de reconnaître l'indépendance du Brésil, où il déclare combien il avait reconnu à regret cette indépendance, poussé par les importunités anglaises. Quand Jean VI écrivait cette lettre, sir Charles Stuart partait de Lisbonne pour l'Amérique, portant le fruit de sa *presque extorsion.*

d'hui étranger au Portugal : il s'ensuivrait enfin une foule d'inconséquences, ce qui arrive toujours quand on veut, malgré bon gré, aller à tort et à travers contre la raison et la vérité. Peut-être la cour que ce ministre représentait (une de celles qui influèrent le plus pour les affaires *et les malheurs* de ma patrie!...) entendait-elle la chose comme son ministre, et a par conséquent (*bien efficacement!...*) protégé les *droits supposés* ou l'usurpation de D. Pèdre.

SCOLIE II.

Ajoutons à cela : — 1) *que les Portugais* (même quand D. Pèdre dût être leur roi) *n'avaient aucune obligation de lui obéir avant qu'il eût prêté le serment exigé par l'*Alvarà *du* 9 *septembre* 1642 ; — et que, 2) *d'après cet* Alvarà, *et la loi de Jean VI du* 4 *juin* 1824, *ils avaient encore moins obligation d'adopter* la Charte brésilienne, *donnée par lui, quand il aurait prêté ledit serment.* (Toujours dans la supposition *non concédée* qu'il pût être le successeur légitime de Jean VI.) [1]

Je pense que cela semblera un peu singulier et paradoxal : — *si Pierre ne jurait pas, il ne devait pas être obéi; si Pierre jurait, il devait encore moins être obéi.* — Je n'en espère pas moins d'arriver à la démonstration; essayons de trouver le mot de l'énigme.

Voici le contenu de l'Alvarà cité :

Les États (de 1641) demandèrent au roi que le successeur à la couronne ne pût pas monter sur le trône sans avoir prêté un serment; — « qu'il convient beaucoup au » bien universel et particulier de ces royaumes que les

» rois qui y viendront à succéder jurent, avant d'être » proclamés, tous les priviléges, libertés, les grâces et » les coutumes que les rois précédens leur ont concédés » et jurés... Que tous les rois qui dans l'avenir y succé- » deront (dans ces royaumes) fissent en personne, avant » d'être élevés, le même serment... »

Et qu'est-ce qu'a répondu le roi à cette demande? — Que cela était déjà reconnu comme une loi coutumière, » que ce qu'on *lui* demandait était introduit comme » coutume dans le royaume... » — Il le prouve par son exemple même, en disant qu'il l'avait pratiqué en prêtant aux Cortès qui le reconnurent (de 1641) ce même serment en son nom, comme au nom de son fils; qu'il voulait « que tous les rois ses successeurs en fissent au- » tant; » et que c'est pour cela qu'il *l'ordonnait, déterminait, prescrivait*, etc. Que tout roi qui ne le ferait pas, fût maudit du ciel, de la terre et de sa cour; et » *que tous* ses *sujets puissent demander aux rois* ses *suc-* » *cesseurs le serment de la confirmation de leurs grâces* » *et priviléges avant d'entrer dans la succession de ces* » *royaumes;* qu'il *ordonnait et revalidait* cela *comme* » *loi faite en Cortès;* qu'il *voulait* qu'elle fût exécutée » entièrement dans toutes les clauses qu'elle renferme. »

De son côté, Jean VI, par la loi du 4 juin 1824, a déclaré l'importance et force de ce serment comme il suit: — « J'ai pensé qu'il ne convenait pas de démolir ce » noble édifice de notre antique constitution politique, » composée de lois sages, écrites et traditionnelles, et » qui, de plus, a été confirmée par *le serment* prêté par » mes prédécesseurs et par moi-même, *de maintenir les* » *droits et priviléges de la nation.* » Il dit encore: « Con- » vaincu que les devoirs que j'ai contractés ... *exigent*

» *que je respecte et conserve, dans leur intégrité, les* » *droits anciens de la monarchie* ... que la constitution » portugaise ... repose d'ailleurs sur *le serment* ... *que* » *moi et tous mes augustes prédécesseurs, nous avons* » *prêté au moment de notre élévation au trône*... j'ai » trouvé bon de déclarer que notre ancienne constitu- » tion politique est en vigueur. »

D'après ces lois, nous (les *absolutistes*) avons cru, et croyons encore, qu'aucun Portugais ne devait pas obéir, même à un successeur légitime (*in potentia*), sans qu'il eût prêté le serment prescrit de garder inviolablement nos droits et nos prérogatives nationales; tandis que nos despotes-*libéraux* soutiennent, depuis une année et demie, qu'un souverain, ou naturel ou *étranger*, peut, de son plein arbitre et caprice, détruire, quand et comme il lui plaira, tous ces droits et prérogatives nationales. Je crois avoir démontré, pour tous ceux qui auront un peu de sens et de bonne foi, la première partie [1)] de ma proposition; voyons si la seconde [2)] est une conséquence juste de la première.

D. Pèdre, quand même il dût être successeur légitime au trône portugais, eût-il prêté le serment prescrit par la constitution de la nation, et fût-il entré légalement dans l'exercice de la souveraineté portugaise, était-il tenu, par son serment, de garder inviolables les droits, les prérogatives et la constitution nationales? Il faut répondre — Oui, — ou soutenir *qu'il pouvait être parjure*. Choisissez, messieurs nos *soi-disant libéraux;* ou tâchez d'échapper aux *cornes* de cette argumentation!... Je présume donc avoir trouvé la seconde partie [2)] de l'énigme.

Je profite de cette occasion pour faire ici aux amateurs de *la charte anglo-brésilienne*, mes complimens sur sa légalité, sous le rapport aussi de ce que je viens de dire au sujet du serment ci-dessus.

Ier. COROLLAIRE GÉNÉRAL.

LÉGITIMITÉ PASSÉE.

Qu'aurait-on dû faire pour agir légitimement *en Portugal, après la mort de Jean VI?*

La régence nommée par ce roi (*ou en son nom*), par décret du 6 mars 1826, aussitôt qu'il fut mort, aurait dû convoquer les états de la nation et lui proposer de déclarer à qui la couronne appartenait : *voilà la voie unique legale.* Si ladite régence ne l'a pas fait, elle est coupable, *ainsi que ceux qui l'auront détournée de faire son devoir*, de tous les maux, de toutes les calamités que ma patrie a soufferts à la suite de la mort de Jean VI ; elle a commis une usurpation des droits de la nation, ainsi que de ceux de la personne qui devait être le successeur légitime à la couronne (LE PRINCE D. MIGUEL). Et, si la même régence croyait (*ce qui est bien douteux.!...*) que D. Pèdre dût être ce successeur légitime, il s'ensuit, qu'elle n'épargna même plus les droits de celui-ci, qui, dans le cas qu'il pût prétendre raisonnablement à la couronne Portugaise, avait le droit de vouloir que sa prétention fût légalisée et assurée par les États de la nation : qu'il remercie donc ladite régence comme elle mérite !...

IIe. COROLLAIRE GÉNÉRAL.

LÉGITIMITÉ PRÉSENTE.

Et que devrait maintenant faire D. Miguel, pour redresser, d'après le droit, tant d'illégalités, et guérir la plaie faite à la légitimité Portugaise, ou à la constitution de l'État ?

La réponse est assez simple : Faire ce qu'on a omis de faire, c'est-à-dire, envoyer promener les deux chambres *illégitimes*, avec la *Charte exotique;* convoquer les États de la nation légalement; s'y faire déclarer : « *Seul reconnu héritier et légitime successeur* » (*Voir l'article cité* (pag. 17) *des Cortès de* 1641) ; et en bon père de famille avec ses sujets et ses enfans, faire les améliorations que tous jugeront convenables. Et voilà tout.

Pétition juste.

Qu'il n'oublie pas aussi (*pour confusion des méchantes âmes !...*) de m'y faire déclarer, moi et mes bons compatriotes, *royalistes-nationaux*, non des rebelles, mais des loyaux Portugais et des sujets fidèles. Que la légitimité nous dise à chacun : *Euge, serve bone et fidelis !* et nous sommes contens; nous n'irons pas (moi du moins) demander : *Quod super multa me constituant, quia super pauca fui fidelis.*

QUATRE QUESTIONS ENCORE,

OU COROLLAIRES INTERROGATIFS.

1re.

Qui défend les lois, les droits, les libertés et la constitution de sa patrie, défend-il le pouvoir despotique ?

2e.

Quels sont donc les absolutistes, de nous ou des partisans de D. Pèdre ?

3e.

Quels sont donc les rebelles ?

4e.

Aurions-nous dû renoncer à nos droits, à nos prérogatives nationales, à nos libertés, ainsi qu'à notre dignité, à notre honneur, à notre indépendance, et aux intérêts de notre patrie, parce que M. Canning le voulait, et parce que les cabinets de l'Europe ne se sont pas donné la peine d'examiner nos loïs, et de réfléchir sur notre véritable constitution, avant que de reconnaître, comme légitime, une usurpation ?

RÉFLEXIONS.

Que nos bons libéraux sont bêtes ! (*je parle des libéraux Portugais.*) Tandis qu'ils parlent à tort et à travers *des droits du peuple et de la nation, de libertés publi-*

ques, de bornes du pouvoir, etc., etc., ils veulent dépouiller la nation Portugaise de ses droits, de ses prérogatives, qui peuvent seules donner une vraie efficacité à la constitution de l'État, et en être les garanties. Dites-moi, Messieurs les libéraux, ou plutôt *despotiques-libéraux*, si d'après votre opinion (*d'aujourd'hui*) D. Pèdre, même sans avoir été proclamé Roi, ni reconnu par la nation, peut altérer et changer à son gré la constitution de l'État, appuyée sur des actes solennels et respectables, sur des stipulations aussi anciennes que la monarchie même; de quel droit voulez-vous refuser à quelqu'autre des successeurs de D. Pèdre (en vous concédant un moment qu'il fût roi de Portugal), à sa fille, par exemple, la même faculté? Un autre roi de Portugal sera-t-il moins roi que D. Pèdre? Et s'il lui venait la fantaisie de déchirer *votre Charte*, de congédier *vos deux chambres*, et de dire : « *J'ai pour bien de décréter, octroyer et faire jurer* à la nation Portugaise, la constitution d'Alger (comme D. Pèdre dit : « *J'ai pour bien de décréter, octroyer et faire jurer* la Charte Brésilienne,) » qu'aurez-vous à lui opposer, puisque vous-mêmes avez donné aux rois le pouvoir absolu *et despotique* sur la constitution de la nation? Oh! mon Dieu! que je tremble alors pour *votre Charte*, *vos chambres*, et *vos quatre pouvoirs*, (*) que sir Charles Stuart nous a apportés du Brésil!...

* *Notre bonne Charte*, enfantée en Portugal par le marquis de Palmella, avec une trinité de pouvoirs seulement, législatif, exécutif et judiciaire, fut envoyée au Brésil, afin que D. Pèdre y fût son parrain, en la baptisant du nom de — *Loi fondamentale donnée à la monarchie portugaise* Mais comme *facile est inventis*

POST-SCRIPTUM.

Puisque l'impression de cette brochure n'a pas été si vite que je l'ai écrite, ajoutons-y encore un *post-scriptum*.

Avant-hier (22 février), nous avons su, que quelques messieurs Portugais, qui ne pensent pas politiquement comme nous, enrageaient un peu contre ce langage royaliste-national, qui n'est pas parlé avec des marrons chauds dans la bouche, mais qui dit trop distinctement et trop clairement la vérité et ses preuves, en se chargeant encore des réponses aux objections *en forme*. Contre cette plaie de vérité *babillarde*, le *gouvernement* de Lisbonne avait, disent-ils, trouvé un exorcisme, en défendant, par tous les moyens possibles, toute introduction de vérités dans le royaume *brésilièrement régénéré*. Ils disaient encore davantage : « Que si les *rebelles* portugais qui » sont à Paris (c'est-à-dire moi et quatre autres, y com- » pris un vieux domestique) faisaient imprimer ici quel- » que chose qui ne leur fît pas, à ces messieurs non-*re*-

addere (c'est très facile d'ajouter une sottise à une autre sottise), elle est revenue de l'Amérique avec un quatrième pouvoir (le pouvoir *modérateur*) qu'on lui inocula au Brésil (Voy. *Lettres historiques et politiques sur le Portugal*, pag. 211. Paris, 1827). On ne sera donc pas étonné si *la charte brésilienne* va en boitant: une table à quatre pieds boite facilement, tandis qu'un trépied ne boite jamais. (Je renverrais volontiers encore notre *charte quadrupède* au Brésil; je ne doute pas qu'elle en reviendrait enrichie d'un cinquième pouvoir !...)

» *belles*, plus de plaisir que ne leur en fera mon *post-* » *scriptum*, on tâcherait de ne pas laisser donner cours » à ces *importuns griffonnages.* »

Moi, je suis bien sûr que je serais tenu de répondre devant les autorités de S. M. T. C. de l'abus de ma plume, si par malheur j'offensais par elle les lois de la France; mais quant à ces messieurs qui se fâchent d'entendre la défense des droits de ma patrie, de mon prince et de mes concitoyens, je ne me crois pas tenu à leur donner des satisfactions : cependant ils peuvent être sûrs que s'ils osent se présenter en lice, j'aurai la générosité *de répondre aussi devant eux* de ma logique et de la force de mes raisons, ainsi que de la justice de ma cause.

Si notre cause (des royalistes portugais) est mauvaise, pourquoi craint-on de nous entendre? Si nous ne pouvons rien dire de bon ni de convaincant, et si nos adversaires sont si sûrs de leurs armes et de leur justice qu'ils le semblent quand ils appellent toujours, à tort et à travers, *légitime* tout ce qui concerne la *charte brésilienne* leur idole (*); *roi légitime*, l'empereur du Brésil; *droits légitimes*, ceux qu'ils lui donnent; *gouvernement légitime*, celui qu'il a nommé; *institutions légitimes*, la *charte brésilienne; usurpation légitime*, celle qu'il commet sur les droits de son frère, etc., etc.; sans qu'ils nous présentent la loi qui fait *tant de légitimités*, pourquoi donc nous fermer la bouche en Portugal, et voulon qu'on nous la ferme aussi en France? Si ces messieurs ont raison, eh bien, de quoi se défendre? ils doivent

(*) Idole à laquelle ils sacrifient l'honneur, la dignité, l'indépendance, la gloire nationale et les intérêts de leur patrie.

désirer des adversaires, des contradicteurs; leur triomphe sera aussi plus éclatant et notre confusion aussi plus grande... Pour moi, j'aimerais à les entendre produire leurs raisons, quoiqu'elles combattissent les miennes; quel plaisir n'aurais-je pas, par exemple, à entendre une démonstration qu'on m'a dit avoir été faite un de ces jours par quelqu'un de nos antagonistes, où il *prouva*, clair comme le jour, « *que d'être régent d'un royaume, est plus que d'en être le roi...* » Est-ce qu'on choisit la France pour un pays capable de tout entendre sans qu'on y ait la permission d'en rire quelquefois, et de dire, à son tour, de temps à autre : *c'est une sottise ?* (*qui potest capere, capiat;* qu'il prenne la casquette celui à qui elle ira bien.)

Je crois que ces messieurs, avec tout leur jargon de *liberté de penser*, de *liberté de publier ses idées*, de *droits de la raison*, de *mépris de l'autorité*, etc., etc., penchent un peu du côté de la *convaincante logique* de Mahomet : « *ou crois, ou meurs !* »

Paris, ce 25 Février 1828.

REMARQUE.

Le jour même (21 février) où j'ai porté à l'imprimerie le manuscrit de cette brochure, j'ai su qu'on venait d'y finir l'impression d'un nouvel ouvrage de l'auteur dont j'ai parlé dans la note, à la page 16. C'est une brochure de quarante pages, intitulée : *Don Miguel et ses droits.* — Paris, 1828, Delaforest, place de la Bourse, rue des Filles-Saint-Thomas, n°. 7. — Je l'ai lue avec empressement. Dans sa courte extension (une preuve de plus de la simplicité d'un sujet commun à l'auteur et à moi), elle est la solidité même dans ses preuves, la raison même dans ses argumens. Ce petit ouvrage seul est déjà une démonstration surabondante de notre propos; mais il peut aussi être regardé comme un complément de mon petit travail, car on y approfondit jusqu'aux racines des principes que je ne fais qu'indiquer. Si quelqu'un s'étonne de ce que nous nous rencontrions presque partout, et crie *au plagiat*, je le prierai seulement (quoique je ne me jugeasse point déshonoré d'emprunter les armes d'un si bon soldat de la raison, que je n'ai pas même le plaisir de connaître), de réfléchir que dans les controverses, c'est ordinairement le privilége de la seule bonne foi, de se rencontrer au point de la vérité, parce qu'elle la cherche *in simplicitate cordis*, parce que c'est à la bonne foi et non à la prévention à trouver la vérité.

FIN.

www.ingramcontent.com/pod-product-compliance
Lightning Source LLC
LaVergne TN
LVHW020241230826
846091LV00006B/2213

* 9 7 8 2 0 1 3 6 5 1 3 8 7 *